등이 가렵다

김명기 시집

문학의전당 시인선
167

등이 가렵다

김명기 시집

문학의전당

시인의 말

지긋지긋한 계절이
또 오고 있다.
이제는 가슴속 깊숙이
무언가 단단히 무장을 해야겠다.

그랬다.
이 계절은 내 삶의 길목에서
언제나 참 많은 아픔과 시련,
외로움의 성장을 가져온 길목이었다.
우연이라기에는 너무나 저주스럽고
사랑하고 싶은 날들.

동전 한 닢도 못 되는 이 걸음을
오늘도 하늘에서
한 발자국씩 지켜보고 계시는 어머니,
당신의 문전에 이 시집을 드립니다.

2013년 늦은 계절에
김명기

차례

제2부

제3부

제4부

제1부

곶감

연(緣)줄을 푼다
발가벗은 몸
가을 추녀 끝에 매달려

그 푸르던 날의 들녘
쉼 없이 솟구치던 열망의 손짓들
산 그림자에 묻고
다시 밟지 않을 싸늘한 배경
빈 가지 마디마디 살(肉) 그림자 푼다

연줄을 푼다
온몸이 풍경(風磬)이 되고
염주 마디가 되어
바람 한 티끌에도
피와 살이 마를수록 가벼워지는
몸짓이여

등이 가렵다

버림과 비어 있음의 경계선은 어디쯤일까

요즘은 자꾸 등이 가렵다
뒤꿈치 치켜들고 몸을 비틀며
어깨 너머 허리 너머 아무리 손을 뻗어도
뒤틀린 생각만 가려움에 묻어 손끝에 돋아난다

나와 내 몸 사이에도
이렇듯 한 치 아득한 장벽이 있다는 것이
두렵고 신비스럽다

빛과 어둠, 혹은
사람과 사람 사이 정수리 어디쯤
죽음에 이르러야 열리는 문이 외롭게 버티고 있는 것 같고
때론 소슬바람에도 쉬 무너질 것 같은 그 무엇이
내 안 어딘가 덜컹거리고 있다

등이 가려울 때마다
등줄기 너머 보이지 않는 길들이 그립다

겨울 나비

떠나지 못한 나비 하나가
텅 빈 은행나무 가지 끝에 앉아
내게 길을 물었다

조금씩 어둠을 밀어내는 가로등 사이로
바람길 찾아 나비가 날아간다

나도 나비에게 길을 물었다

탱화

집수리하던 날
장롱을 옮기다가 천장 모서리를 타고
벽면에 핀 곰팡이를 본다

무량천공(無量天空) 저 세월도
때론 연민이 남는 것일까
안과 밖이 다른 세상 온기의 경계 사이
아무도 돌보지 않는 장롱 뒤
한 치 공간 세월의 체온을 모서리에 보듬고
시름겨운 살림살이 모나지 않게
한 가족사 애정의 울타리를 지켜왔을

손대면, 금세
아득한 인연
세월의 매듭을 풀고 날아갈 것만 같은
작자 미상의 저 묵화(墨畵)

싸릿재 풍경

1

어머니 모시고 돌아오던 날
요양원 담장 너머
대청봉 노을은 채곡채곡 산 그림자 거두며
자꾸 내 등을 밀었다

뒤돌아보지 마라
뒤돌아보지 마라

싸릿재 모퉁이 돌아설 때마다
서산 하늘 가득 홍자색 꽃잎 흔들며
두 뺨에 흘러내리는 이명(耳鳴)의 소리

가난은 죄가 아니란다
뒤돌아보지 마라, 아범아

2

—저것 보아라

연약한 싸리나무 뿌리를 보듬고 있는 굳은 땅 밑에도 물이 흐르듯 태연한 체하며 살아가는 사람들 가슴속에도 저마다 눈물은 있단다

세상은 물 흐르듯 그렇게 살아야 한다

3

바람은 어디에서 제 몸을 눕히는지

올해도 싸릿재 언덕 모퉁이마다
홍자색 싸리꽃이 대청봉 노을을 쓸며
세상 길 모든 이명을 서산에 묻네

나무와 장작

수해 때 뿌리째 뽑혀 산에서 쓸려온 나무를 모아
한겨울 밤 불을 지핀다

다다닥, 탁
훌 훌
훨 훨
난로 속에서 악기 소리가 난다

낯설지 않은, 그러나
한 번도 마음 기울여본 적 없는 저 소리
가만히 난로 속을 기웃거려본다

신기하다
죽은 줄만 알았던 송장뿐인 저것들이
이제야 장작더미에 쌓인 겨울 햇살을 풀고
제 몸 기억의 모든 숨결을 벗고
다시 산이 되고 나무가 되어 떠나는
불길 밝는 발자국 소리

훌훌

훨훨

다다닥, 탁

금호동 산 59번지

붉은 등불 속에 비가 내린다

비탈 사이를 타고 흐르는
길모퉁이마다
염주 마디처럼 둘러앉은 여체(女體)들

빗줄기에 머리 빗고
하구에 뜬 별 하나씩 건져들고
세상 바람 잡으려고
출렁이는 몸짓으로 어둠 속에 그물을 친다

지폐 덮인 골목길
하연(賀筵)의 소리 낙엽처럼 뒹굴며
그물에 걸릴 때
빨랫줄에 널린 여인의 가슴이
세상 바람 꿰매는
금호동 산 59번지

산을 오르다가

잘못 든 길도 산 안의 품속임을

온몸이 숲이 되고 능선이 되어
길을 헤매다가
지친 발길 노을 아래
낯선 풀꽃들이 발등에 올라
환한 얼굴로 적막을 밀 때
잎새마다 산문(山門)을 여는 바람의 몸짓을 본다

시작도 끝도 없는 이 고요
솔잎 하나 흔들림에도 모든 산이 일어나
벼랑 깊숙이 제 몸을 드리우고
저마다 말씀이 되고 길이 되는 허공의 신비

산은 정상이 없어라
온몸이 길이고
길뿐인 산은, 어머니

인천일지

1

하루 장(葬)을 치르고
부평동 유택동산 아래
형을 보내고 돌아오는 길

비가 오다가
바람이 불다가
잠시 멈춰선 거리에 서서 하늘을 보았지요
플라타너스 잎새를 타고
빗방울 사이를 넘나드는 형의 잔영
무언가 할 말이 있는 듯 환한 얼굴로
칠월 하늘을 헤엄치고 있었지요

미안해하지 마라, 아우야
슬퍼하지도 마라
그 땅 어디에 너와 내가 있어
서로를 용서하겠느냐,
산다는 것보다, 더

아름답고 힘찬 외로움이 어디 있겠느냐

2

눈썹 끝에 떨어진 빗방울을 치켜 올리며
바라보는 칠월의 하늘
플라타너스 잎새 사이로 서성이던 바람이
내 가슴만 접고 있네

만천동의 봄

다시 봄이 오고
거리마다 황사바람이 빨랫줄에 널린 햇살 털어도
몇 해 전 나물 캐러 떠난
아내의 봄소식은 돌아오지 않는다

대문 밖은 온통 길뿐인데
이랑 따라 저 길은 어느 노을에 묻혀
제 기억의 몸을 푸는지
창을 열면
산 그림자 돌아선 빈 들녘 어귀마다
달빛 서걱이는 소리

떠난 자도 돌아선 자도
내 안의 길이라고

만천동 봄은 제 홀로 어둠을 지우네
이 땅 모든 약속 풀어놓고
복사꽃 휘날리며

제 홀로 바람이 되고 길이 되어
새벽을 건너네

자화상

새벽 두 시
누군가 내 안을 뒤척이고 있다

가슴 빗장 걸어놓고
기억의 모든 출입구를 봉쇄한 뒤
어금니 깨물며, 팍팍
눈물 틈새까지 조여도
곁눈질도 염치도 없이
내 안을 파고드는 이놈은
숨통도 아니 달고 사는 어느 시대의 분비물인가

어둠 속에서
때론 어둠 밖에서
울다가 웃다가, 웃다가 울다가
저 혼자 낄낄거린다
"너도 알지?
세상 속 모든 길은 비매품이라는 것"

저벅저벅 허공을 오른다
이리저리 세상 길 엿보다 달빛에 채여
창가에 이마를 부딪힌다

부서진다
아무 일도 없는 듯
흩어져다 다시 쌓이고 지워지는 이 그림자

꽃을 심으며

사월 초입
공공근로 작업장

오늘은 참 많은 꽃을 심었습니다
한련화, 샤필니아, 제라늄, 메리골드, 영산홍……
해변 길 따라
모종에서 땅심으로 옮겨가는 꽃, 잎새
여린 살결이 봄볕에 스칠 때는
어설픈 내 손끝을 간지럽히기도 했지요
가끔, 대청봉 키를 넘어온 꽃샘바람이 손등에 올라
이리저리 햇살을 밀어낼 때면
실눈 같은 숨결들 다칠세라 꺾일세라, 꼭꼭
봄볕에 버무려 흙으로 덮어주었습니다

하늘 맑은 사월
노을 틈 사이 기웃거리던 햇살이 대청봉 키를 넘고 있네요
파도소리 뒤질세라

산 그림자 헹구며 햇살 따라가네요

가난도 이쯤이면 축복 받은 보시(普施)인 양
걸음걸음 발길 맞춰 덜컹이는 빈 도시락
파도소리
햇살 부서지는 소리
나도 가네요

아야진, 겨울 동백꽃 아래서

겨울 바다를 흠모하다가
아야진 유리집 앞에서 마음만 들켰습니다

그대는 1월 한 언저리에 시린 몸을 열고
이 땅 모든 길들의 그리움을 불러 모아
제 향기를 태우며
동해 이랑마다 안부를 전하고 있었습니다

눈이 내렸지요
그대 붉은 입술 위로 하얗게 파도가 쌓이고
당신마저 바다가 되어 떠난 뒤
오랫동안 그대 빈자리에 서서, 나는
왜 동백(冬白)의 바다가 될 수 없는지
차마 돌아서는 어깨 너머로 그대는
한 움큼 파도를 얹어주며 말했지요

아야진 앞바다에서는
사랑한다는 것도

미워한다는 것도
네 안의 뜨락에 피었다 지는 무형의 꽃길이라고

---

*아야진 : 강원도 고성군에 있는 작은 포구.

305 병동에서

이른 새벽
홀로 깨어 창밖 먼 산을 바라본다

밤새 목련이 핀 것일까
갑자기 환해지는 불면
몸이 가볍다
가벼움 속으로 몸을 내민다

아득하여라
한겨울 밤 사이에도 저렇듯, 남몰래
눈덩이 같은 목련이 피었다가
훌훌, 제 몸 벗어놓고 떠날 줄이야

빈 가지 관절마다 내 눈이 시리다

제2부

아스피린

대청봉 찬 서리 품 안에 보듬고
아스피린 한 알로 잠재우시는 어머니

설악의 나무들이 우우우 동해로 몰려와
겨울옷을 벗고
첨벙첨벙 물놀이하는 날이면
동해 길은 온통 안개 꽃밭입니다

이때쯤이면
당신의 관절에 일던 바람도 덜커텅 문턱을 넘어, 우르르 동해로 달려가
저마다 수평선이 되었다가 배경이 되었다가 슬며시 안개 꽃밭 일구며, 어머니

당신의 잠 속에
아스피린 알알이 안개꽃 되어 흰 눈처럼 쌓입니다

액자를 짜다가

1

잠깐 생각을 놓친 사이 톱날에 손을 베었다
놀란 의식의 뿌리들이 비명을 지르며
우르르 몸 밖으로 튀어나온다, 순간
주위의 모든 배경이 정지되고
멈춰진 시간 속으로
내 몸은 주검을 향해 서서히 굳어져 가고 있었다
여기저기 몸뚱어리 주위를 서성이는 의식의 눈동자만이
기억 속 먼 길을 더듬듯 내 안을 살피고 있다

낯설다
모두가 내가 아닌, 나의
현란하고 외로운 저 항거의 눈빛들
스스로의 장막에 기대어 모두가 경계태세다

2

씻어도 지울 수 없는 어두운 길목
바람이 분다

태연히 톱날 능선을 넘는 바람의 등 뒤로
뚝, 뚝, 발등에 떨어지는 선혈
찰나의 틈 사이
제 홀로 피었다 지는 꽃잎 같아

무엇이었을까
한순간 온몸을 스쳐간 이 적병은

바람이 또 분다

귀가

집안이 엉망이다
방안에 훈기를 넣어주던 초인종은
성대 잃은 지 오래고
현관 문 열고 들어서면
발끝에 차이는 신발들이 벌떡 고개를 치켜들고
오늘 길을 묻곤 한다

오늘? 하늘이 맑았던가
신호등 아래 몇 번 쉬고 건너면서
저 길을 끌고 여기까지 당도하였던가
갑자기 어깨가 휘청거린다

뒤꿈치 너머 사잇길로
살랑살랑 빗물이 흘러간다
저렇게 가볍고 착한 길을
오늘도 빗줄기를 철근처럼 온몸에 꽂고 지나왔구나

이리저리 뒹구는 소지품들이

거두지 못한 부호처럼 방안을 떠다닌다

내일은?
저 지천명 하늘을 바라볼 수 있을까

소리의 향기

뒤창 홰치는 빗소리에 잠이 깨다

뒤척이는 이불 실밥 길 따라
아무도 부르는 이 없는
세상 한 중심에
누군가 온몸이 젖고 있다

새벽은 멀고
떠나온 길도
가야 할 길도 아득한데

저러다 온몸이 불타지 않을까

젖은 몸을 타고
빗소리 밟으며
기억이 건너고 생각이 건너간다

마음 정수리에 서서

징검다리 벼랑 아래로
가슴 내려 본 사람은 알까

세상 모든 소리에도
저마다 냄새가 있고
온기가 있음을

교감(交感) 1

가장 사랑하는 것들
발뒤꿈치에 두면, 오
참으로 그윽한 날이랴, 오면

산 노을 밟던 그리움
뒤꿈치 갈라지는 소리
청솔 잎으로 가슴에 필 텐데

교감(交感) 2

돌아보면
세상 길은 온통 경전(經典)뿐이네

아무도 없는, 맑은
눈 시린 가을 하늘 한 권

새가 길을 가다가
풍덩
허공 속에 빠지다

독백

교회 앞 파전집에서
귀가의 신발을 털며 오늘을 벗을 때
내일로 돌아앉은 그림자 시선
불빛은 자꾸 신발 속
남은 모래알 내일의 노동을 세고
헤아리는 숫자만큼 흔들리는 이 밤

교회 정문 철책 사이로
치렁치렁 매달린 빛줄기가
목사 자가용 라이트에 눈뜰 때
금관(金冠)처럼 황홀하다

십자가 위 피뢰침, 사이
하늘 경계선
저마다 허공 깊이 가슴 감추고
생존의 총구 겨누다 돌아서는
이 시간의 하구(河口) 속에
무엇이 사랑이며 진실이더냐

무섭다.

가슴까지 밀어 넣어도

제 그림자조차 거둬들이지 못하는 인간

이 부끄러운 눈물이 저 금관으로 빛나려 하는

여기가

대화

1

—저것 보아요, 달이 나무 끝에 찔렸어요
—조금 있으면 다시 나무 사이를 지나간단다
—달은 참 아플 텐데
빨리 달을 밀어주세요
—아가야, 나는 이제 저 달을 밀 수 없단다
그러나 너는 밀 수 있어
—나는 키도 작고 힘도 없는 걸요
—그래서 달을 밀 수 있는 거야
너도 어른이 되면 그땐 저 달을 밀 수가 없단다

—달은 왜 밤에만 오나요?
—세상 이야기를 엿듣기 위해서지
동이 트면 달은 우리의 비밀을 태양에게 팔아버린단다

2

—아가야, 눈을 떠보렴, 달이 보고 싶구나

—낮에는 달이 없어요
—네 눈에는 달이 있어, 그래 더 크게 떠보렴

아가의 눈에는 어젯밤 나무에 걸린 달이 있었다
달은 점점 커지고
아가의 얼굴은 보이지 않는다

촛불 아래서

비가 내린다
끝내지 못한 기억들
어둠의 관절을 뚫고
촛불 아래 무덤 이룬다

비어 있는 세상 눈금 사이로
촛농 무게만큼, 다시
내 소멸의 작업을 지켜보는 숨결
오늘도 따스한 비문(碑文)으로 기억의 살을 태운다

달에게

너를 바라볼 수 없음은
참으로 너를 보았기 때문이다
더욱 나를 보았기 때문이다

이 저린 눈길 버리지 못함은
달구어낼 수 없는 나의 유년
손짓이 살아, 너
내 시선의 끝에서
질펀한 세상길을 싱싱한 이슬로
새벽을 빚고 있기 때문이다

백지 앞에서

어머니
당신이 내 유년의 강가에 일궈놓은 세상 이야기 위에
이제야 별꽃이 피며
도란도란 강물 밟는 달빛 발자국 소리
아직도 이리 정겨운데

물 흐르듯
물 흐르듯, 그렇게 살아야 한다는
당신의 다짐을 뒤로한 채
훌훌 벗어던진 타인 된 언어를 보듬고
분노도 없이
터벅터벅 불혹의 겨울 문전을 넘는
이 눈물을 어머니 용서해주세요

저 노을 끝 어디쯤
이 땅 모든 길들이 저마다의 기억을 끌고 와
서로의 상처와 악수를 나누며
그렇게 용서하고 사랑하며 떠나야 한다는

이 긴 밤의 여정이 없다면

나는 무엇으로 동해 길을 거닐며
불빛 그리운 사람 빈 가슴을 찾아 새벽을 맞이합니까

길을 가다가

낡은 토담 넝쿨 따라 정겹던 골목 어귀
잘못 든 길처럼 낯설다

안경 너머 슬금슬금 되돌아가는 산 그림자 속에
누군가 뒤돌아보며 툭, 내 어깨를 친다
기우뚱대는 그림자
여기저기 골목 어귀마다 기억의 복병들이
우르르 튀어나온다

감춰둔 말
말의…… 상처의…… 침묵의…… 입술들이
뚝 뚝, 발등에 떨어진다

여기가 어디죠?
저 노을을 따라가면
그곳에도 하루에 한 번씩 태양이 지고
달이 뜨고
옹기종기 기다림이 모여

창가에 가슴 불 밝히는 사람의 마을이 있습니까?

기웃거리지 않아도
낯설지 않은, 그런
환한 사람의 마을이 있습니까?

버스를 기다리며

1

기다려도 버스는 오지 않았다
앞선 자와 뒤선 자의 배경을 정리하여
일모(日暮)의 품으로 떠난 것이다

겹겹이 하늘을 덮은 정류소 지붕 아래
빛과 어둠을 넘나드는 시간의 강
돌아오지 않는 곳 하나로도
허공에 묻히고 남으리라

나머지 강 길 사이로 내가 떠나고
쓰러진 성터
다시 밟지 않을 성스러운 시간을 싸늘히 불태운다

어디서 온 선봉인가
바람은 조금씩 지친 어둠을 끌고 와
산을 이루고
우리는 산맥을 지고 떠나는 지관(地官)

약속처럼 버린 등 잘린 의자
누군가 찍고 간 허리는 허공을 쓸며
망가진 시간을 붙잡고 인감을 누른다

2
이 헤일 수 없는 일모의 갈림 숲 사이로
저마다 고요가 끝난 곳에 지고 온 산맥을 내린다

산지가 되어
시간의 숲을 헤집고 능선을 오르는 자들 앞에
보아라
빈 성터, 적막의 두터운 벽이 어둠을 밀 때
아직은 걸어야 하리

자, 동이 트기 전에
신발이나 말끔히 닦아놓아야겠다

다시 촛불 아래서

또, 비가 내린다
전신을 다 던져도
끝내 젖지 않는 기억들
빗소리에 씻겨 간
빈 하늘가

조금씩 흔들리며 떠오르는
이름 없는 얼굴들
새벽 향기로
잠들지 않는 창에 어려온다

제3부

겨울, 저녁 무렵

등걸불 지고 노을 속을 간다

삭정이 뼈 씻는 소리
골마다 칼날 세우고
기억을 점령해도
이젠 돌아보지 않는다

어금니 가득 허공 깨물며

우리에 관하여

우리를 보면 눈물이 난다

우리는 우리의
우리 안에 갇혀
우리는 우리다워야 한다고
단단한 우리가 되어야 한다고
서로에게 말한다

우리를 바라보면
우리 안의 우리와
우리 밖의 우리들

우리는 왜
우리 너머로
우리가 되지 못하고
우리 곁을 맴돌며 서로를 지켜보는
슬픈 우리가 되는지

두 눈 감고 바라보면
우리 사이로 스며드는
달빛 바람 한 숨결도 저리 환한데

기행(紀行)

버려진 것은 아니다
모두 돌아갔을 뿐

잃어버린 것도 아니다
영원을 잡으려고 존재를 버렸을 뿐

혼자 있을 땐 촛불을 켠다
참으로 홀로라고 말하며 종이배를 만든다
그러다 문득, 나를 잃어버리면
밤바람 위에 종이배를 띄운다
종이배 타고 한 뼘 한 뼘
밤바다 속 깊이를 재어보면
그 끝에는 동강난 겨울이 있다

나는 안다
겨울은 기차가 떠난 철로 사이로
징검다리 밟으며 오다가
어느 날 갑자기 우리의 생 위에

보이지 않는 교차로를 올려놓는다
그 속을 스쳐가는 나와 나
손 흔들 시간마저 잃은 채
하늘 머금고
그렇게 우러러 보니

내가 나를 사랑해주지 않아도
내가 아플 땐 나를 위하여
내 아픔 나의 것으로 받아주리니

나와 나만은
서로를 버리지 않아도 영원히 사랑할 수 있다

벽보 앞에서

눈길이 쓸고 간 공터
가려진 시대의 이력서를 헤치며
나사 빠진 활자가 혀를 내민다
척추를 움켜쥔 바람은
승자의 손목을 이끌며
벽보의 시간 속에 앉아 깃발 흔든다

무엇이 승자고 패자인가
가슴 깊이 젖어야 할
오늘의 직유법이, 얼굴 가리고
녹슨 활자 속에 앉아
안개 웃음 흘리는 사람아

우리 되돌아가는 벽보의 시간 속
저 깃발 위에
외다리 절며 절며 앞서 떠나는
의식의 눈썹 너머
닿아야 할 새벽은 아득하다

겨울은

타인의 등 뒤에는 언제나 현수막이 걸려 있었다

때론 하늘색 대문자로
때론 초록색 소문자로
타인 되어가는 등에는 늘 현수막이 있다

타인의 등에서 계절의 바뀜을 안다
모두가 타인이 되어 가면 겨울이 온다

흰 눈이 내리면
타인은 가만히 내 옷깃의 바늘구멍을 밟고
창가로 찾아와 현수막을 걸어놓고 간다
세찬 바람에 찢긴 현수막 조각은
별 없는 밤이면 별이 되고
말씀이 되어주곤 한다

타인은 먼 길을 가도
타인의 빈자리에는 언제나 현수막이 걸려 있다

겨울일기

봄날의 수반(水盤)을 밟으며, 이제
겨울로 떠나야 한다

나는 겨울 하늘 길을 지키는 한 줄기 인동초
모두가 버리고 간 겨울목에 서서
벗어던진 발자국을 챙겨 모아
뻐꾸기 울음을 헹구러 바다로 간다

파도가 일구어 올린 바닷길을 거닐며
부서진 햇살을 꿰매어 겨울 가지에 수놓는다

흰 눈이 내려
그대 창에 어둠을 지울 때
나는 하모니카로 바람을 저어
그대 손에 봄날을 심으리

돌아서는 등에도 겨울은 오는 것
눈뜨고 잃은 것 눈감고 보내고

봄날의 수반을 밟으며, 이제
겨울로 떠나야 한다

겨울, 어느 날

≪절대 침범 불가≫

어젯밤
죽음의 황색선을 넘은 운전자의 피로
우리는 아침마다 불구된 감각을 씻는다

씻을수록 검게 타들어가는 의식

아부를 빚어 진실을 만들고
위선을 빚어 얼굴을 만들고
이 은밀한 날개를 위해
때론 조금씩 눈물을 흘려 양심을 모방한다

참으로 감출 수 없는 나머지 것은
곱게 접어 이불장에 넣어둔다

어느 날, 문득
사람이 그리운 날이면 이불장을 열어

하느님 부처님 칠성님 용왕님
두루두루 불러 모셔놓고 영혼에 치료한다

웃지 마라
엄숙하지도
태연하지도 말아야지

≪절대 침범 불가≫

우리는 저 검게 그을린 향토의 아스팔트 위에서
내 안의 황색선을 다루는 외로운 지관(地官)일 뿐이다

21세기, 우리의 겨울

들판을 가 보아라
엎질러진 길모퉁이로 기억을 서걱이며
되돌아감이 어디 마른 잎뿐이랴

옷 벗고, 얼굴 벗고, 가슴 내리고
인동 넝쿨 따라 정맥 풀어놓으면
지층 끝
우리 피는 물소리로 허공 이루는데

어디 있어, 너와 나
나무에 살〔肉〕 동여매고 바람을 부르면
흔들리는 몸짓 사이
반짝반짝 실눈 뜨고 바라보는 가슴
부끄러워라
저마다 제 그림자 안에서 빗장 지르고
다져온 길 숲 발자국 몇 마장이더냐

알몸으로 다가서도 부끄럽지 않을 우리의 상처

제 홀로 뼈를 이끌고

다시 밟지 않을 세상 벌판을 넘고 있다

동해에서

이제 잃었던 가슴 마주잡아
두 손 깊이 묻는다

모든 기억은 배경이 되어 궁륭 속으로 떠나고
갸우뚱대는 시간들
녹슨 언어를 토하며 그림자 턴다

가슴 합장한 손을 연다
정갈하게 쏟아지는 빈 술잔들
언어의 관절에서 빠져나온 입술들이
동해 이랑마다 음표로 살아난다

모두가 무너져 내린다
하느님손부처님손칠성님손용왕님손이
양떼를 몰고 바닷길을 달려온다

굳어진 빛들이
훨훨 심장에 흐르고

가릉빈가, 가릉빈가

파도의 허리를 가르는 침묵의 날개를 보아라

천제단 가는 길

1

아직은 이른 새벽
산마저 몽정에 취한 듯
밤 깃을 풀지 않는 빗장 아래
분주히 하산을 서두르는 물의 발자국 소리
산모퉁이마다 물안개 가득하다

길과 비탈 사이
헤아리는 돌계단 어둠의 매듭마다
희미한 손전등 제 그림자에 묻혀, 나는
무엇을 찾으려 이 능선을 오르는 것일까

오르면 다가설수록 더 깊은 부름이 되어
아득히 멀어지는 정상
발끝에 차이는 돌부리만이 불끈불끈
어둠을 곧추세우며 길을 막는다

2

문수봉 돌탑 돌아 바라보는 천제단

바람은 지친 발자국을 챙겨 모아
다시 산을 이루고
내딛는 발길 산 어귀마다 누군가 자꾸 부름이 있어
돌아보면
이명(耳鳴)의 숲길 사이로
떠나지 못한 천년의 생 주목이
내 발목 부여안고 빈 몸뚱어리 내민다

보아라, 세상길
인연이 깊으면 상처의 뿌리도 깊나니
티끌도 아닌 것이 너도 내 품에 안겨
능선 따라 출렁이는 바람 길 되자 하네

노래방 가다

생각이 많은 날에는 노래방 간다
생각이 생각을 낳고
다시 기억을 부르는 동안
내 안 어디선가 훠이 워이 타오르는 반항의 시간들

장대비처럼 생각이 온몸을 적셔오면
빗방울 부호를 따라 터벅터벅 노래방 간다
그곳에 가면
잘난 인생도 못난 사람도 모두가 $\frac{1}{2}$박자
절반은 그리움
남은 것은 모두가 건배뿐이다

생각이 깊은 날이면
내 몸 어디선가 훠이 워이 기억이 부르는 빈 길을 따라
나 홀로 노래방 간다

잊히는 것을 위하여
잊어야 할 것을 위하여

사월의 끝

늦잠 깬 진달래꽃 하품을 토하고
햇살의 주름을 날라 빨랫줄에 너는 새들
겨우내 만삭된 비밀이 문고리를 젖힌다

집집마다
속살을 내민 여인의 이야기가
빨랫줄에 앉아
담 너머 오월로 실리어 간다

금빛 낙석을 캐는 사월의 끝
바람은 봄볕을 들녘에 널고
사월을 다듬는 아낙
수줍게 내민 아낙의 등살에는
한 해의 햇살이 모이고 있다

안개비

바다가 일구어놓은 안개 꽃밭 사이
누가 파도의 허리에 피리를 묻었나

어둠보다 깊이 흐느끼는 불면의 마당
가슴이 눈뜨며
피리가 운다, 피리가 운다
안개꽃 지는 소리

서로가 서로에게 언어를 나르며
하늘 가득 별꽃을 심는
소리 없는 비

한 잎 그리움이
바다 장삼(長衫)자락 적시며
피리가 운다, 피리가 운다
안개꽃 피는 소리

제4부

대포동 창(窓)
— 등대 1

가는구나
너도 가고
나도

빈자리 뱃길이랑 가슴 뒤척이는 달무리
모질게 살자, 자꾸 어깨 흔드는데
채울수록 홀로 저무는 가슴
바다 귀 열고 들어서면
하늘 가득 안개꽃 쏟아지는 별밭

어쩌랴
외로움도 가슴 불 밝히는 생명임을
이런 밤에는

대포동 창(窓)
— 등대 2

어머니 베갯머리에 쌓이는 한숨의 매듭

창 너머
세상 벌판
저 달빛 아래
남 몰래 피어나는 달맞이꽃

대포동 창(窓)
— 등대 3

저 창 너머
한 번 자리한 길은 돌아오지 않는다

쉼 없이 떠나고 싶고
머무르고 싶은
길과 길들이 만나 더 큰길 이루다
파도의 손끝에 끌리어
이 땅 기억의 끝으로 되새김되어 올 뿐

비어 있음으로 길이 되는
허공뿐인 저 나라

바라보는 눈길만이
내 안 가득 안개꽃 휘날리네

대포동 창(窓)
— 등대 4

여보게
빈 몸뿐인 이 세상 들녘 길 지나다
가슴 외로운 무덤 이루거든
산 그림자 밟으며 외옹치 돌아
등대 찾아오시게

길 잃어 애달프면
대포동 고개 밤의 빗장 두들기어
고향 찾아가노라 말해보시게

여보게
한 줌 모래알도 못 되는 그리움
달빛 뒤척이는 바닷길에 묻어두게
내 그대 빈 가슴
상여 꽃술 띄워 주리니

홀로 되어 더욱 포근한 나라
동해 품에 안겨

창 너머
동트는 햇살로 오시게

대포동 창(窓)
— 등대 5

천상의 창으로 기웃거리던
달빛 한 조각

다하지 못한 그리움
끝내지 못한 죄
밤바다에 갇혀
가슴 헹구어 내리는
성대 잃은 피라미드

대포동 창(窓)
— 갈매기

뱃길 따라
안개꽃 밟으며 전생으로 가는 길

동해 이랑마다 하얀 손수건
빈 밤을 닦아내는 반야(般若)의 날개여

대포동 창(窓)

— 비 오는 밤

어둠이 제 무게에 밀리어 무너져 내리는 밤
뚜욱, 뚝 처마 끝에 떨어지는
밤의 숨결을 따라가면
부서진 창 너머
갈매기 울음이 들린다

동해의 모든 파도를 끌고 와
하얗게 하얗게 나이테 돌며
가슴 풀어놓고
눈물 밖으로 날아가는 대포동 갈매기여

대포동 창(窓)
— 폭설

아무 말도 할 수 없는 침묵의 아우성

나만의 약속
너만의 이야기일 수도 있는
천만 년 빙하에도 식힐 수 없는
광활한 가슴속 언어들이

동해 문 젖히고
허공을 건너가는
창 너머
이승의 불꽃

대포동 창(窓)
— 촛불 너머로

겨울비 이마 위 촛불 밝히고
종이배 띄운다

밤비 한 올씩 뽑아 물고
빈 시간 밟으며 다가오는 파도소리
기억의 층계 허물며 종이배를 젓는다

뱃길 따라 황홀히 부서지는 가슴
내 몸의 경계선을 넘고 있다

대포동 갈매기

어머니 관절에 찬바람 일면
대포동 갈매기는
설악의 흰 뼈를 동해에 묻는다

동짓달 시린 기억 보듬고
이부자리 파고드는 파도소리
대청봉 키를 넘어오면
끼룩끼룩 끼루룩
여서낭당 남근에
전생의 넋을 달래주는 갈매기

휘날리는 눈꽃이여
이승의 못다 한 투망이여

날아다오
갈매기여, 설악의 흰 뼈들이여
동해의 창마다 이승과 저승의 문을 열고
꽃춤 추며 날아다오

대포동 창(窓)

대포동 등대 상여 불꽃이 피던 날
동해는 거친 승냥이 울음을 토하며 모든 거리의 창을 부수고 말았다

누이 가슴속
누구나 사랑할 수 있던 도깨비 방망이는
아파하는 것도 죄라고
치마폭으로 범선(帆船)을 만들어
누이 빈 가슴만 하늘로 실어간 뒤
그 누구도 부서진 대포동 창을 재생하려 하지 않았다

동해 한 귀퉁이
포말로 떠 있는 누이의 범선
갈매기가 끌어올려 대포동 거리를 수놓는 날이면
부서진 창 속에
누이 소망만큼 부푼 산과
그리움을 파묻던 작은 정류소가 보인다

눈을 떠 보아요
부서진 창 속에 누이가 가꾸고 간 동해 길
아직은 푸르잖아요
귀를 기울여 보아요
누이가 심어놓은 아가나무 아래
마른 잎과 잎들이 조그만 숨소리로 모여들며
대포동 거리를 간질이고 있어요
잠시 후, 이들의 숨결은
누이가 일궈놓은 동해 길 따라 하늘로 올라가 눈꽃이 되어
천 가지 몸짓으로 이승의 어둠을 쓸고
부서진 대포동 창을 말끔히 손질할 거예요

그땐 아직 눈뜨지 못해 들을 수 없는 투명한 영혼 하나
누이가 내린 목화씨로 다져
범선 타고 떠난 동해 길을 누이 고향으로 키워드리겠어요

대포동 연가

1

사슬 두른 어둠이 색채를 뿌리며
대청봉 마루를 불태우고 있어요

한 줌 안식을 얻기 위해
억만 년 빙하에도 식힐 수 없는 시간의 불길 속
타는 뼈와 살 가슴으로 식히며
지나온 오늘 전 생애 발자국은 재가 되어
다시, 산등을 쌓고
남은 생애 약속을 찾아 노을 속으로 떠나고 있어요
다녀가며 흘린 그들의 발자국은
동해 길 이랑마다 안개꽃으로 피어나
시간을 헹구며 기억을 지우고
지워진 자리마다 새 밤을 맞아 별꽃을 피우지만
나는 어둠이 오기 전에 돌아가야 해요

남은 것 없어 아파할 것 없는 길목
밤은 죽음보다 길고 싸늘해요

2

동이 트고 있어요

시간은 언제나 전설 속에 숨 쉬고
숨 쉬는 햇수만큼 우리 모든 것 전설되어 떠나고 있어요

보아요
지난밤 화사했던 별꽃들이 햇살에 시들어
바다에 떨어질 때
어느 상처 없는 발 있어 바닷길을 달려가
뜨는 해를 막으며 별씨를 건져올까요

황혼은 언제나 익숙하게 창턱에서 기울고
이제 나도 떠나야겠어요
동해 깊은 불바다 속
아침의 나라로

시인의 악보

1

어디로 돌아가리오
때 묻은 발을 하늘에 헹구려
두 손 짚고 걸으며
어둠을 삽질합니다
별을 묻고, 달을 묻고, 가슴을 묻고
마지막 밤
천만 년 빙하에도 얼지 않는 눈물을 묻고
고개 너머 죽음 끝에 던졌습니다

더 버릴 것 없는 안타까운 밤
어둠 깊이깊이 시를 묻습니다

2

뒤돌아보지 않아도 원점으로 가는 길

천길 계곡의 허리
무상의 뿌리를 딛고 솟아나는 가지

잎새마다 말씀이 되어 빈 가슴에 촛불을 켭니다

이제 침묵의 고삐를 당기고
어둠의 문을 엽니다
이 완성된 꿈의 날개 어둠을 일구며
밤의 끝에 악보를 펩니다

3
그대 손은 나뭇가지
가슴 깊이 어둠을 묻고 건반을 칩니다
달을 떠 올리는 연꽃처럼
잔성을 걷어가는 종소리

가슴과 가슴이 전복되어
밤을 웅크리는 날갯짓 소리가 들립니다

묘지 앞에서

제1장

눈가에 흘러내린 바람을 치켜들 땐
언제나 하늘을 보았다
이렇게 견디면 되려니
이 얼마나 비겁한 몸짓이었더냐
어제 흘린 눈물 버릴 수 없는 자에게
오늘은 울음마저 허락지 않는 시간 위에
하늘을 보려니
묘지 앞에 무릎 꿇고 촛불을 켠다
비명(碑銘)의 출구로 촛불을 비추면
죽은 자들은 조용히 어둠을 털고 일어난다

하늘 밖에 들려오는 발자국 소리
어둠을 타이르는 촛불로 다가와
마른 가슴을 안고 속삭여준다
거짓은 거짓
진실은 진실

죽은 자들은 이제 속이지 않는다

제2장

저승객이 다녀간 빈자리에
육신을 안식하고
그들을 따라 시간의 숲을 거닐고 있었다
갈림길에서
어제 만난 얼굴들이 길을 묻곤 했지만
돌아보면 너무나 먼 거리였다

〈여기는 지하의 끝
저 하늘 모퉁이에는 아직 손 닿지 않은 곳도 있지〉

한 가닥 머릿결에도 바람이 인다

알겠다

저것은 어느 저문 날
스산한 들녘 외로움을 송두리째 끌고 와
무섭게 이승의 창을 두들기던 우리가 아닌가

아, 그래 알겠다

제3장

보이는가
저들이 켜놓은 가랑잎 등(燈) 속
한 꺼풀 바람에도 허물어져 가는 우리들

누가 저 가랑잎 등 속에
살을 썰어 넣으며 기도해줄 것인가

발문

그리운 시간을 넘어

김영준 시인

아무 말도 할 수 없는 침묵의 아우성

나만의 약속
너만의 이야기일 수도 있는
천만 년 빙하에도 식힐 수 없는
광활한 가슴속 언어들이

동해 문 젖히고
허공을 건너가는
창 너머
이승의 불꽃

—「대포동 창(窓)—폭설」 전문

벌써 30여 년 전의 일이다. 내가 그를 처음 만난 것은, 그를 만나 대포동의 허름한 2층 다방의 창밖으로 쏟아지는 눈을 내려다본 것은, 아무 말 없이 담배를 피워댄 침묵의 시간은. 아마 버스를 타고 같이 대포로 갔거나, 자그마한 포구의 어느 다방에서 만나기로 했을 것이다. 바다가 보이는 창 쪽에 앉아 한가한 다방 풍경을 무심히 휘돌아보았을 것이고 누가 먼저랄 것도 없이 담배를 피워 물었을 것이다. 2층에서 내려다본 포구는 마치 이국의 풍경을 겨울의 깊숙한 곳으로 끌어들인 듯했다. 대낮이었지만 폭설 때문에 한적해진 항구는 어선들만 잠든 벌레처럼 정박해 있었고, 오가는 아낙과 어부 몇이서 분주히 귀가하는 모습이 전부였다는 기억이다.

그때 서로가 구체적으로 어떤 대화를 나눴는지는 기억이 나지 않는다. 하여간 둘은 만났고, 첫 대면의 소심함과 어색함을 지우려 우리의 공통분모를 주섬주섬 꺼냈을 것이다. 물론 문학에 대한 얘기였다. 그렇지만 문학에 대한 본격적인 논쟁이나 토론은 아니었던 게 분명하다. 주된 대화는 당시 갓 시작한 '물소리 시낭송회'에 대한 얘기였고, 그런 계기로 만난 자리였기 때문이다. 우리 둘은 당시 서로가 문청이었고, 문학에 대해서는 조용한 그러면서 뜬금없는 열정 하나만 지닌 그야말로 맹목이자 숙맥이던 시절이었다.

그는 일찌감치 '물소리 시낭송회'에 깊이 관여하고 있었고, 최명길, 이성선, 이상국, 고형렬 시인 등과의 교류 또는 연대가 있었다. 나는 병역을 마치고 고향의 작은 학교에서 아이들을 가르치기 시작한 지도 얼마 안 된 때였다. 나는 그가 부러웠다. 시를 쓰는 게 부러웠고, 많은 시인들 틈에 있었기에 더욱 부러웠다. 그의 시에 대한 열정이나 자신감은 다소 낭만적이었지만 그게 부러웠다. 함박눈은 어느새 폭설로 변해 있었다.

그리고 또 침묵의 시간을 한참은 가졌을 것이다. '아무 말도 할 수 없는 침묵의 아우성'이나 내다보며, 앞으로 펼쳐질 '광활한 가슴속 언어들'이나 주억거렸을 것이다. 귀가 걱정을 했었는지는 생각이 나지 않는다. 그리고 어떻게 귀가했는지도…….

그 후로 그를 자주 만났다. 당시 '물소리 시낭송회'는 이 조그만 소도시의 유일한 문학 행사였고, 그 모임의 중심이 그였으니 더욱 그랬다(그는 아직 미등단의 상태로 이른바 시인들을 모양 나게 만들어주는 역할에 자신을 투자했다). 우리는 그 시기를 속초의 '르네상스 시대'라고 흔쾌히 명명하였다. 매월 행사가 있는 날은 속초가 들썩이는 느낌이었다. 그가 쏟은 애정이 속초를 들뜨게 만든 것이다.

그럼에도 그는 생계 문제에서 자유롭지 못한 사람이다.

생계를 위해서라면 안 해본 일이 거의 없다. 가방끈이 짧아 마땅한 일자리를 얻지도 못하였고 주점 종업원이나 품팔이, 공공근로, 택시 운전, 대리 운전 등으로 생계를 꾸릴 수밖에 없었다. 그래도 그는 대체로 명랑했다. 작은 체구지만, 불우한 집안의 가난한 청년인 그이지만 주눅 들지 않았다. 그의 곁에는 문학이 있었기 때문이다. 문학의 힘이 뒤엉키기만 하는 생계의 힘보다 컸기 때문이다. 아직도 나는 그의 존재가 시(詩) 때문이라고 굳게 믿고 있다.

그렇다고 해서 그가 "주검을 향해 서서히 굳어져 가"(「액자를 짜며」)는 아픔과 고통을 몰랐겠는가. "흩어졌다 다시 쌓이고 지워지는 이 그림자"(「자화상」) 같은 존재를 몰랐겠는가. "철근처럼 빗줄기를 온몸에 꽂고 지나온"(「귀가」) 나날들을 잊을 수 있겠는가. 그러나 그는 자신의 불우한 가정사를 목소리 높여 웅변으로 말하지 않는다. 조용한 독백으로 속삭임으로, 힘을 한껏 낮춘 목소리로 말한다. 불우함도 가난도 잠시의 풍경으로 배경하고 있듯 말한다. 저 멀리 두고 남 얘기하듯 말한다. 그래서 더 먹먹한 느낌을 지울 수 없는지도 모른다.

그래도 문학은 의미에 대한 의지의 한 표현이라 했던가. "옹기종기 기다림들이 모여/창가에 불 밝히는 사람들의 마을", "낯설지 않은, 그런/환한 사람의 마을"(「길을 가다가」)을 소망하는 소박하고 따뜻한 기대가 그를 버티게 만들어준 것이리라. 공공근로 작업장에서 꽃을 심으며 "가난도 이쯤이면 축복"(「꽃을 심으며」)이라 여기고, 유사한 처지의 기초수급자 집수리 나가서 본 곰팡이를 "세월의 매듭을 풀고 날아갈 것만 같은/작자 미상의 저 묵화(墨畵)"(「탱화」)라 부르는 여유와 힘도 그것이다. 현실은 그런 인식에서 완전히 동떨어져 있지만 말이다.

그리고 그 자리에는 자주 '어머니'가 등장한다. 아버지나 형제나 아내는 그의 정서에서 좀 멀리 떨어져 있으며, 어쩌면 영영 감추고 싶은 무엇이라 생각하고 있는지도 모른다. 불우한 가족사를 굳이 시로 그려내고 싶어 하지 않았을 것이라고 추측한다. 불우함을 원죄로 받아들이는 것일 수도 있다. 그럴수록 '어머니'에게 가 닿는 마음의 깊이는 한층 의미 있게 작용하는 것으로 보인다.

> 대청봉 찬 서리 품 안에 보듬고
> 아스피린 한 알로 잠재우시는 어머니
>
> 설악의 나무들이 우우우 동해로 몰려와
> 겨울옷을 벗고
> 첨벙첨벙 물놀이하는 날이면
> 동해 길은 온통 안개 꽃밭입니다

이때쯤이면

당신의 관절에 일던 바람도 덜커텅 문턱을 넘어, 우르르 동해로 달려가

저마다 수평선이 되었다가 배경이 되었다가 슬며시 안개 꽃밭 일구며, 어머니

당신의 잠 속에

아스피린 알알이 안개꽃 되어 흰 눈처럼 쌓입니다

—「아스피린」 전문

화자의 어린 시절이나 젊은 시절의 어머니는 존재하지 않는다. 말년의 어머니, 이제 쇠약하여 병치레를 하는 어머니의 모습만 화석처럼 남아 있다. 이는 어머니의 현 상태가 자신의 심리적 상황과 맞닿는 부분으로 작용하는 듯하다. 그런데도 그는 병약함에 초점을 두지 않는다. 통증을 잊기 위해 복용하는 아스피린을 '안개 꽃밭', '흰 눈'으로 비유하고 있다. 색채의 동일성 때문이겠지만, 흰색이 주는 노곤함이 조용히 다가와 고요와 선을 잇고 죽음과 맞닿아 있다. "눈덩이 같은 목련이 피었다가/훌훌, 제 몸을 벗어놓고 떠날 줄이야"(「305 병동에서」)라고 진술하는 것도 그것이다. 그의 시에 자주 등장하는 '안개'도 흰색의 이미지와 불확실성을 동시에 던져놓는 시어라는 측면도

간과할 수는 없을 듯하다.

(그는 뒤늦게 어머니를 허름한 자신의 집에 모셨다. 대개의 어머니가 그러하듯 그의 어머니가 그를 뒷바라지한 것이긴 하지만 말이다. 엄마 없는 그의 애들을 키우면서 말이다. 어쩌면 그의 가족사에서 어머니와 자신의 끈만이 가장 유일하고 간곡한 고리였을지도 모른다. 이젠 그의 아이들만이 그의 곁에 남아 있다.)

1

어머니 모시고 돌아오던 날
요양원 담장 너머
대청봉 노을은 채곡채곡 산 그림자 거두며
자꾸 내 등을 밀었다

뒤돌아보지 마라
뒤돌아보지 마라

싸릿재 모퉁이 돌아설 때마다
서산 하늘 가득 홍자색 꽃잎 흔들며
두 뺨에 흘러내리는 이명(耳鳴)의 소리

가난은 죄가 아니란다
뒤돌아보지 마라, 아범아

2

저것 보아라

연약한 싸리나무 뿌리를 보듬고 있는 굳은 땅 밑에도 물이 흐르듯 태연한 체하며 살아가는 사람들 가슴속에도 저마다 눈물은 있단다

세상은 물 흐르듯 그렇게 살아야 한다

3

바람은 어디에서 제 몸을 눕히는지

올해도 싸릿재 언덕 모퉁이마다

홍자색 싸리꽃이 대청봉 노을을 쓸며

세상 길 모든 이명을 서산에 묻네

―「싸릿재 풍경」 전문

이제 어머니는 생의 끝자락에 놓여 있다. '뒤돌아보지 마라'는 당부의 말은 그래서 더욱 가슴 저리게 한다. 이는 어머니로 대표되는 불우한 가족사와의 단절을 암시하는 것으로도 읽힌다. 과거의 지난한 여정을 모두 잊으라는 어머니의 간곡함이 담겨 있다. "가난은 죄가 아니란다/뒤돌아보지 마라, 아범아"에서 이는 더욱 분명해진다. "세상은 물 흐르듯 그렇게 살아야 한다"는 평범한 당부도 그러

하다. 이는 어머니가 가난한 자식에게 마지막 남기는 메시지이기도 하겠지만, 화자 자신이 스스로에게 이르는 말이기도 할 것이다. 어쩌면 자신의 아이들에게의 전언일 수도 있다는 상상까지 해본다.

연(緣)줄을 푼다
발가벗은 몸
가을 추녀 끝에 매달려

그 푸르던 날의 들녘
쉼 없이 솟구치던 열망의 손짓들
산 그림자에 묻고
다시 밟지 않을 싸늘한 배경
빈 가지 마디마디 살(肉) 그림자 푼다

연줄을 푼다
온몸이 풍경(風磬)이 되고
염주 마디가 되어
바람 한 티끌에도
피와 살이 마를수록 가벼워지는
몸짓이여

—「곶감」 전문

그는 이제 "쉼 없이 솟구치던 열망"의 시간을 지나왔다. "열망의 손짓들"을 "피와 살이 마를수록 가벼워지는/몸짓"으로 바꾸고 싶어 한다. '연(緣)줄을 푼다'는 인식이 그러하다. 곶감을 만들기 위해 깎아내는 감 껍질의 길이를 연(鳶)줄에 비유하는 말장난도 재미있는 해석일 테지만, 곶감은 감을 떠나 전혀 다른 새로운 물질이 된다고 보는 인식이 자리하고 있다. 그래서 '연(緣)줄'이며, 이럴 때 '푼다'는 늘어뜨리는 것이 아니라 버리는 것이다. 마치 태아가 탯줄을 버리는 순간부터 새로운 독립적 개체로 태어나듯이, 외형적인 변화 정도에 그치는 것이 아니라 아예 '감'과의 인연을 끊고 새로운 존재(곶감)로 태어난다는 내면적 인식이 자리한다고 보는 것이다. 그는 그렇게 다시 태어나고 싶어 하고 있는지도 모른다.

30여 년이 지난 지금의 대포는 낯설다. 대단위 관광 단지화가 되어 더욱 그렇다. 그래도 그 길을 지나면 그의 '대포동'을 떠올리곤 한다. 이 겨울의 대포동은, 대포동의 폭설은 어떤 모습일까 생각해본다. 시의 완성이 문제가 아니라 인연의 문제이고 관계의 문제이다. 그곳에서 시작된 인연이 지금까지 이어질 줄 어찌 알았을까.

그의 시엔 시나브로 적지 않은 아픔과 눈물과 아련함이 묻어 있다. 그의 삶이 그러했다는 것일 텐데, 그래도 그는 이를 격정적으로 토로하지 않는다. 그저 자신의 마음속으로 가난과 아픔과 슬픔을 조용히 끌어오고 혼자 쓸어 담으며 이를 담담히 진술해간다. 유년시절의 가족사나 젊은 어머니가 등장하지 않는 것도 그런 연장선상에서 생각해 볼 수 있을 듯하다.

지난한 삶 때문일까. 그는 생각보다 조로한 느낌이 든다. 때론 그가 자신의 정서에만 몰입되어 이기적인 듯해 보여 아쉽기도 하다. 대상에 좀 더 직핍해 들어가야 하는 것이 아니냐 하는 아쉬움도 그래서 생긴다. 그러나 마음 깊은 곳에선 애틋함을 놓지 않고 있다는 걸 나는 잘 안다. 그런 방식이 아니면 존재 자체가 위태로울 수 있다는 걸 스스로가 직감하고 있었기 때문이 아닐까, 라고 판단하는 건 나의 지나친 억측일까.

그럼에도 불구하고 그는 다시 대포동 시절을 되새길 필요가 있다. 그 열정과 여유와, 문학적 삶에 대한 태도 같은 것 말이다. 폭설의 그날이 준 넉넉함과 자신감의 모습으로, 아무것도 꺼릴 것 없는 눈보라의 모습으로……. 그런 면에서 그가 근년에 보여주는 시적 태도는 매우 고무적이며 기대를 갖게 만든다.

이번 시집은 30여 년의 세월이 녹아 있어 그리 단단한 시집으로 보이지는 않는다. 그도 그것을 잘 알고 있다. 세월만큼 달라진 것도 많기 때문이다. 시집 출간을 굳이 망

설인 이유도 그 하나일 것이다. 그러나 그게 삶의 여정이고, 버리고 싶지만 버리지 못하는 흔적이 아닌가.

그는 지금 새로운 시로 나아가고자 한다. 그래서 이 시집을 묶는 것이라 믿고 싶다. 새로운 모색은 새로운 삶의 지향일 테고, 그는 이 시집을 통해 그 지향의 출발을 바라고 있다 하겠다. 내가 할 수 있는 유일한 것은 그 길에 행운과 평화가 함께하길 비는 것뿐이다. 그와 함께 예전의 그 시간과 거리를 걸어보고 싶다.

마지막으로 이 시집의 표제작을 올린다.

버림과 비어 있음의 경계선은 어디쯤일까

요즘은 자꾸 등이 가렵다
뒤꿈치 치켜들고 몸을 비틀며
어깨 너머 허리 너머 아무리 손을 뻗어도
뒤틀린 생각만 가려움에 묻어 손끝에 돋아난다

나와 내 몸 사이에도
이렇듯 한 치 아득한 장벽이 있다는 것이
두렵고 신비스럽다

빛과 어둠, 혹은

사람과 사람 사이 정수리 어디쯤
죽음에 이르러야 열리는 문이 외롭게 버티고 있는 것 같고
때론 소슬바람에도 쉬 무너질 것 같은 그 무엇이
내 안 어딘가 덜컹거리고 있다

등이 가려울 때마다
등줄기 너머 보이지 않는 길들이 그립다

—「등이 가렵다」 전문

이 도서의 국립중앙도서관 출판시도서목록(CIP)은 서지정보유통지원시스템 홈페이지(http://seoji.nl.go.kr)와 국가자료공동목록시스템(http://www.nl.go.kr/kolisnet)에서 이용하실 수 있습니다.(CIP제어번호: CIP2013020597)

문학의전당 시인선 167

등이 가렵다

초판 1쇄 인쇄 2013년 11월 4일
초판 1쇄 발행 2013년 11월 11일
지은이 김명기
펴낸이 김석봉
책임편집 이현호
디자인 조동욱
펴낸곳 문학의전당
출판등록 제311-2012-000043호
주소 서울시 은평구 연서로11길 7-5 401호
편집실 서울시 마포구 공덕2동 404 풍림VIP빌딩 413호
전화 02-852-1977
팩스 02-852-1978
블로그 http://blog.naver.com/mhjd2003
전자우편 sbpoem@naver.com

ISBN 978-89-98096-48-9 03810